DAVY CROCKETT

DEFENSOR DE LA FRONTERA

J. T. MORIARTY

TRADUCCIÓN AL ESPAÑOL:
TOMÁS GONZÁLEZ

The Rosen Publishing Group, Inc.
Editorial Buenas Letras™
New York

Published in 2004 by The Rosen Publishing Group, Inc.
29 East 21st Street, New York, NY 10010

First Spanish Edition 2004
First English Edition 2004

Cataloging Data

Moriarty, J.T.
[Davy Crockett. Spanish]
Davy Crockett: defensor de la frontera / J.T. Moriarty. — 1st ed.
   p. cm. — (Grandes personajes en la historia de los Estados Unidos)
Summary: Surveys the life of the American frontiersman who became a member of Congress and died trying to defend the Alamo.
Includes bibliographical references (p.) and index.
ISBN 0-8239-4132-9 (lib. bdg.)
ISBN 0-8239-4226-0 (pbk.)
6-pack ISBN 0-8239-7568-1
1. Crockett, Davy, 1786–1836—Juvenile literature. 2. Pioneers—Tennessee—Biography—Juvenile literature. 3. Frontier and pioneer life—Tennessee—Juvenile literature. 4. Tennessee—Biography—Juvenile literature. 5. Legislators—United States—Biography—Juvenile literature. 6. United States Congress House—Biography—Juvenile literature. 7. Alamo (San Antonio, Tex.)—Siege, 1836—Juvenile literature. [1. Crockett, Davy, 1786–1836. 2. Pioneers. 3. Legislators. 4. Spanish language materials.]
I. Title. II. Series. Primary sources of famous people in American history. Spanish.
F436.C95M66 2003
976.8'04'092—dc21

Manufactured in the United States of America

Photo credits: cover © Burstein Collection/Corbis; p. 5 Tennessee Historical Society; pp. 6, 13 (bottom), 14, Lawrence County Archives, Lawrenceburg, Tennessee; p. 7 Library of Congress Prints and Photographs Division, HABS, TENN, 47-KNOVI, 4-2; pp. 8, 25 Library of Congress Geography and Map Division; p. 9 Jefferson County Archives, Dandridge, Tennessee; p. 10 David Crockett's Rifle, Gift of Mr. and Mrs. Paul L. Failor, the Alamo Collection, photograph courtesy of the Daughters of the Republic of Texas Library; pp. 11, 15 Texas State Capital, Austin, Texas; pp. 13 (top) (No. 92-128), 27 (No. 75-556) The Institute of Texan Cultures; p. 16 courtesy of the St. Louis Art Museum; p. 17 Tennessee State Library and Archives, Archives and Manuscript Collections; p. 19 National Portrait Gallery, Smithsonian Institution/Art Resource, NY; p. 21 The Beinecke Rare Book and Manuscript Library, Yale University Library; p. 23 The Phelps Stokes Collection, Miriam and Ira D. Wallach Division of Art, Prints and Photographs, the New York Public Library, Astor, Lenox, and Tilden Foundations; p. 24 Independence National Historical Park; p. 26 Center for American History, University of Texas at Austin; p. 28 Maura Boruchow; p. 29 © Corbis.

Designer: Thomas Forget; Editor: Jill Jarnow; Photo Researcher: Rebecca Anguin-Cohen

CONTENIDO

1 PRIMEROS AÑOS DE DAVY

En 1786 Tennessee era una región silvestre.
Ese fue el año en que nació Davy Crockett.
Había bosques, campos y muchos animales
salvajes. Había caminos de tierra y unas
pocas granjas pequeñas. La gente era pobre.

El padre de Davy era propietario de una
taberna. Le debía dinero a mucha gente.
Davy no podía ir a la escuela, pues debía
trabajar para ayudar a sostener a su familia.

¿SABÍAS QUE...?

Cuando Davy nació, Tennessee formaba parte de
Carolina del Norte. Fue hasta 1796 que se convirtió
en estado. Davy tenía entonces 10 años de edad.

Davy Crockett nació en 1786 en esta pequeña casa de madera. La casa queda cerca de Rogersville, Tennessee, y es hoy lugar histórico.

Cuando les alcanzaba el dinero, los padres de Davy lo obligaban a asistir a la escuela. Eso a él no le gustaba y se escapó de casa. Vivió en Virginia. Mientras estuvo fuera de casa, Davy trabajó en muchas cosas, y después de dos años regresó. Lamentó mucho haberse marchado.

Davy trabajó para ayudar a su padre a pagar las deudas. Su jefe era un señor de apellido Kennedy.

El padre de Davy era propietario de un molino de harina. Todo se perdió en una inundación. El molino de la ilustración es una reproducción del molino de su padre.

La taberna Chisholm fue construida en 1792, en el condado de Knox, Tennessee. La taberna de la familia Crockett era muy parecida a ésta.

Davy decidió que quería aprender a leer. La mayoría de los granjeros no sabía leer y Davy pensaba que la lectura haría de él un hombre especial. Fue a una escuela dirigida por el hijo del Sr. Kennedy. Años después, Davy diría que aprendió a leer en seis meses.

El día que cumplió 20 años, Davy se casó con Polly Finley. Tenían una granja en una región silvestre.

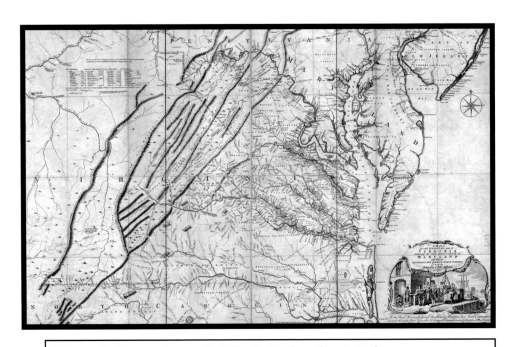

Mapa de las regiones de Virginia donde vivía la mayor parte de la gente en 1775. Crockett trabajó ahí durante dos años.

Davy Crockett y Polly Finley se casaron el 12 de agosto de 1806. Esta es su licencia de matrimonio.

La Guerra Creek fue parte de la Guerra de 1812. Inglaterra y España convencieron a los indios creeks de que atacaran a los colonos estadounidenses y les suministraron armas y municiones.

Davy se unió a la lucha y sirvió bajo las órdenes del general Andrew Jackson. Los colonos ganaron la guerra. Jackson se convirtió en héroe.

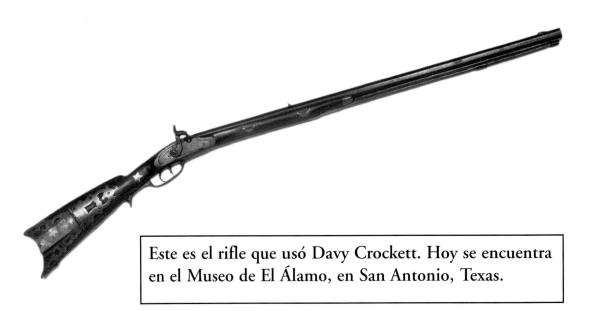

Este es el rifle que usó Davy Crockett. Hoy se encuentra en el Museo de El Álamo, en San Antonio, Texas.

En esta pintura, Davy Crockett viste traje de piel de ante y gorro de piel de mapache. También lleva su rifle, al que llamaba "Betsy".

2 DAVY
EL EXPLORADOR

Los hijos de Davy y Polly se llamaban John y William, y su hija, Margaret. Polly enfermó gravemente y murió. Davy se sintió muy triste, pero se casó de nuevo. Su nueva esposa se llamaba Elizabeth.

Davy se convirtió en famoso cazador de osos. Su familia se alimentaba con la carne que él traía a casa. Se jactaba de haber matado 105 osos en una sola temporada.

EN LA OSCURIDAD

Davy era excelente tirador y ganó muchos concursos. A veces él y sus amigos les disparaban a velas en la oscuridad. Trataban de apagarlas con el viento de las balas.

COLONEL DAVID CROCKETT.

A Davy Crockett a veces le daban el título de coronel. A la izquierda aparece una calabaza seca que utilizaba para guardar la pólvora, fabricada antes de 1822.

Davy intentó trabajar en muchas cosas, pero tuvo mala suerte. Como su padre, fue propietario de un molino que tambén se perdió en una inundación. Además intentó comerciar en madera. Sus amigos y él cortaban árboles y los hacían bajar, flotando, por el río Mississippi. Pero las corrientes del río eran demasiado poderosas y Davy casi se ahoga cuando sus botes naufragaron cerca de Memphis.

¿SABÍAS QUE...?

Davy Crockett fue elegido coronel del quincuagésimo séptimo regimiento militar en el Condado de Lawrence County, Tennessee, en 1818.

Retrato de Davy en la época en que fue congresista de Estados Unidos.

Davy fue rescatado por los habitantes de Memphis. Davy se hizo amigo de algunos de los hombres que le salvaron la vida. Fueron ellos quienes le ayudaron a iniciar su carrera política.

A Davy le gustaba contar historias de los días en que trabajaba en el río. Esta famosa pintura de George Caleb Bingham muestra la vida en el río Mississippi durante esa época.

Los líderes de Tennessee enviaron esta constitución a Filadelfia pidiendo que el territorio se convirtiera en Estado. Tennessee se convirtió en Estado en 1796.

3 DAVY VA A WASHINGTON

La personalidad de Davy era exuberante. Sabía cómo tratar a la gente. Cuando hablaba, contaba historias graciosas que le encantaban a todos los que lo escuchaban. La gente lo respetaba y confiaba en él. Sentían que Davy era como uno de ellos.

LA VERDAD DE LOS HECHOS

Alguien escribió un libro sobre Davy. Él dijo que muchas de las cosas que aparecían en el libro no eran ciertas. Estaba indignado, así que escribió su propio libro sobre él mismo.

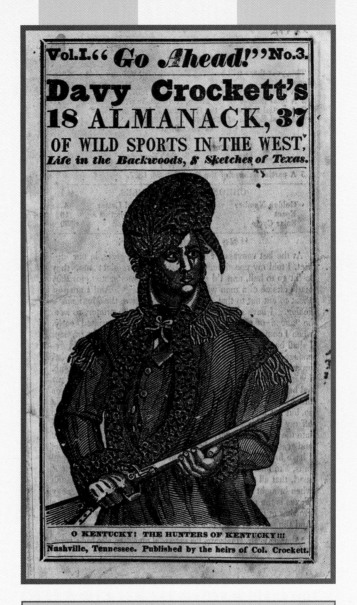

Vol. I. "*Go Ahead!*" No. 3.

Davy Crockett's
18 ALMANACK, 37
OF WILD SPORTS IN THE WEST,
Life in the Backwoods, & Sketches of Texas.

O KENTUCKY! THE HUNTERS OF KENTUCKY !!!
Nashville, Tennessee. Published by the heirs of Col. Crockett.

Entre 1835 y 1856 se publicaron almanaques con las aventuras de Davy Crockett. En la portada llevaban impresas las palabras "¡Sigue adelante!" Eran parte del famoso lema de Davy.

Davy se convirtió en una leyenda viviente. Se publicaban libros y cuentos sobre él. Alguien escribió una obra de teatro. A Davy le gustaba ser centro de atención. Tenía un lema famoso: "Asegúrate primero de tener razón. Después, ¡sigue adelante!"

Fue elegido para cargos públicos locales. Davy se postuló para la asamblea legislativa estatal en 1821 y ganó. Cada vez ocupaba cargos de mayor importancia.

En 1817, Davy fue elegido juez de paz de Lawrence County, Tennessee. Ésta es su firma en el contrato que firmó en 1820.

Vol. 2.]   "GO AHEAD!!"   [No. 3.

THE CROCKETT ALMANAC 1841.

Tussel with a Bear. See page 9.

Containing Adventures, Exploits, Sprees & Scrapes in the West, & Life and Manners in the Backwoods.

Nashville, Tennessee. Published by Ben Harding.

La leyenda de Davy Crockett creció gracias a los almanaques. Estaban llenos de historias exageradas de cacerías en el bosque, y se siguieron publicando 20 años después de su muerte.

En 1827, Davy fue elegido para el Congreso de Estados Unidos. Fue reelegido en 1833. Era buen congresista y trabajaba para ayudar a su gente, que eran los exploradores y los colonos. También trató de proteger a los indios norteamericanos. Davy estaba en contra de las leyes que sólo se aprobaban para favorecer a los ricos.

NOMBRES Y SOBRENOMBRES

El sobrenombre de Davy en el Congreso era "El Caballero del Pastizal". El apodo buscaba hacer burla de él, pues significaba que provenía de un lugar agreste. Pero Davy simplemente se reía del asunto.

22

Davy trabajó muy duro en Washington como congresista de Tennessee. Esta pintura de 1832 muestra el salón donde los miembros del Congreso discutían sobre ideas y leyes.

4 RECUERDEN EL ÁLAMO

El general Andrew Jackson había sido elegido presidente de Estados Unidos. Davy no estaba de acuerdo con las ideas del presidente Jackson, y así lo dijo en el Congreso. El presidente se indignó y comenzaron los problemas.

Davy no fue reelegido en 1835. Perdió por 250 votos. Al principio, Davy se sintió triste. Entonces decidió irse a vivir a Texas.

Davy quería que el gobierno dejara vivir a los indios en sus propias tierras. El presidente Jackson *(izquierda)* no estaba de acuerdo. Él y Davy se hicieron enemigos.

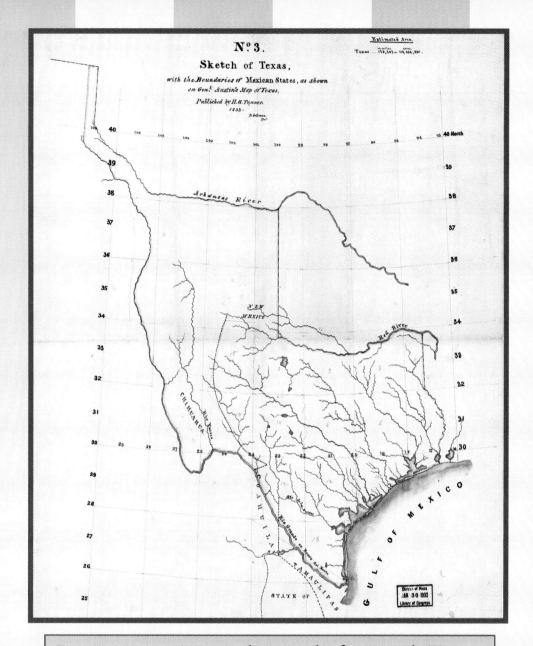

En este mapa antiguo pueden verse las fronteras de Texas. Davy quería participar en el gobierno del nuevo país.

In 1836, Texas todavía no formaba parte de Estados Unidos. Pertenecía a México. A Davy le gustaba Texas, pues era un buen sitio para cazar osos.

En Texas estaban en guerra. Había gente que quería separarse de México. Davy se unió al ejército de Texas. Davy y el ejército quedaron atrapados en El Álamo, que era una antigua misión española.

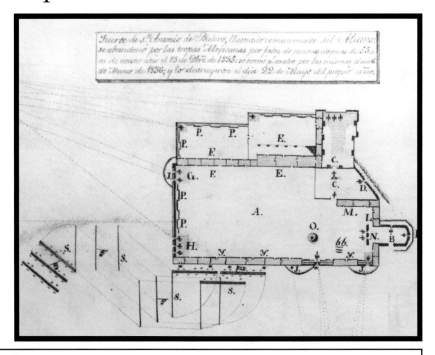

El Álamo fue una misión construida en 1718 para enseñar el cristianismo a los indios. Abandonada en 1836, El Álamo se convirtió en "la cuna de la libertad de Texas".

Davy y otros 188 texanos ofrecieron resistencia al general Santa Anna y al numeroso ejército mexicano desde El Álamo. Al final el ejército mexicano mató a todos los texanos, entre ellos, a Davy.

El ejército mexicano atacó. Mató a Davy y a todos los demás. No quedó nadie con vida. Davy murió, pero continuó su leyenda. Las palabras "¡Recuerden El Álamo!" se convirtieron en grito de batalla. Al final ganó el ejército de Texas, que pasó a ser un estado de Estados Unidos. La gente aún recuerda a Davy Crockett y su heroica vida.

En El Álamo se alza un monumento de mármol que rinde homenaje a aquellos que murieron por la libertad de Texas. En el centro se encuentra la estatua de Davy Crockett, un hombre exuberante y trabajador del Legendario Oeste.

Fall of the Alamo---Death of Crockett.

Muerte de Davy Crockett en batalla. El artista usó su imaginación para representar su último combate. Cuando murió, Davy tenía 49 años de edad.

CRONOLOGÍA

1786—El 17 de agosto nace Davy Crockett.

1806—Davy se casa con Polly Finley.

1815—Muere Polly.

1816—Davy se casa con Elizabeth Patton.

1821—Davy es elegido para la legislatura de Tennessee.

1827—Davy es elegido para el Congreso.

1833—Davy es reelegido.

1834—Davy publica su autobiografía.

1835—Davy pierde la reelección. Se muda a Texas.

1836—Davy muere en la batalla de El Álamo.

GLOSARIO

asamblea legislativa (la) Grupo de personas que tiene el poder de crear o aprobar leyes.

cargo público Empleo en alguna de las instituciones del gobierno.

colono (los) Gente que se va a vivir a una nueva región.

Congreso (el) Institución del gobierno que dicta las leyes. Los miembros del Congreso de Estados Unidos son elegidos por los ciudadanos de cada estado.

deuda (la) Algo que debe pagarse a alguien.

elegido(a) Escogido para un cargo por los votantes.

Legendario Oeste (el) Región que empezaba en el límite de Estados Unidos hacia el Oeste.

leyenda viviente Persona aún viva sobre la cual se cuentan historias que no pueden ser probadas.

personalidad (la) Forma como una persona o animal reacciona ante los demás.

sobrenombre (el) Nombre que se usa además o en lugar del verdadero nombre de una persona.

territorio (el) Tierra controlada por una persona o un grupo de personas. En Estados Unidos se llama "territorio" a la región que aún no es Estado.

SITIOS WEB

Debido a las constantes modificaciones en los sitios de Internet, Rosen Publishing Group, Inc., ha desarrollado un listado de sitios Web relacionados con el tema de este libro. Este sitio se actualiza con regularidad. Por favor, usa este enlace para acceder a la lista:

http://www.rosenlinks.com/fpah/dcro

LISTA DE FUENTES PRIMARIAS DE IMÁGENES

Página 5: Lugar de nacimiento de Davy Crockett, cerca de lo que es hoy Rogersville, Tennessee. Es conservado como sitio histórico por el Departamento de Medio Ambiente y Conservación del estado de Tennessee.

Página 8: Mapa trazado por Joshua Fry y Peter Jefferson en el que aparecen partes de Virginia, Maryland, Pensilvania, Nueva Jersey y Carolina del Norte, 1775.

Página 9: Licencia de matrimonio de David Crockett y Polly Finley, con fecha del 12 de agosto de 1806, archivos del condado Jefferson, Dandridge, Tennessee.

Página 11: Retrato tamaño natural de David Crockett, por William H. Huddle, Capitolio del estado de Texas, Austin, Texas.

Página 13: (arriba) *Busto del coronel David Crockett,* por J. W. Orr, tomado de un dibujo de S. Wallin, the American Portrait Gallery, A. D. Jones, J. M. Emerson & Co., Nueva York, 1860; (abajo) calabaza para guardar pólvora, usada por Davy Crockett y regalada a Thomas Mitchell antes de 1822.

ÍNDICE

ACERCA DEL AUTOR

J. T. Moriarty se graduó en Oberlin College donde estudió historia del arte y escribió en el *Oberlin Review*. Ahora vive en la ciudad de Nueva York en compañía de dos gatos, una tortuga y una marmota.